50 mandalas complexes
livre de coloriage pour adultes

Relaxez et détendez-vous avec des mandalas anti- stress avec dos noir à colorier. Echappez au stress qui mine votre vitalité au quotidien, Transportez-vous dans un monde imaginaire et mettez des couleurs dans votre vie.

Ce Livre
Appartient à :

· ·

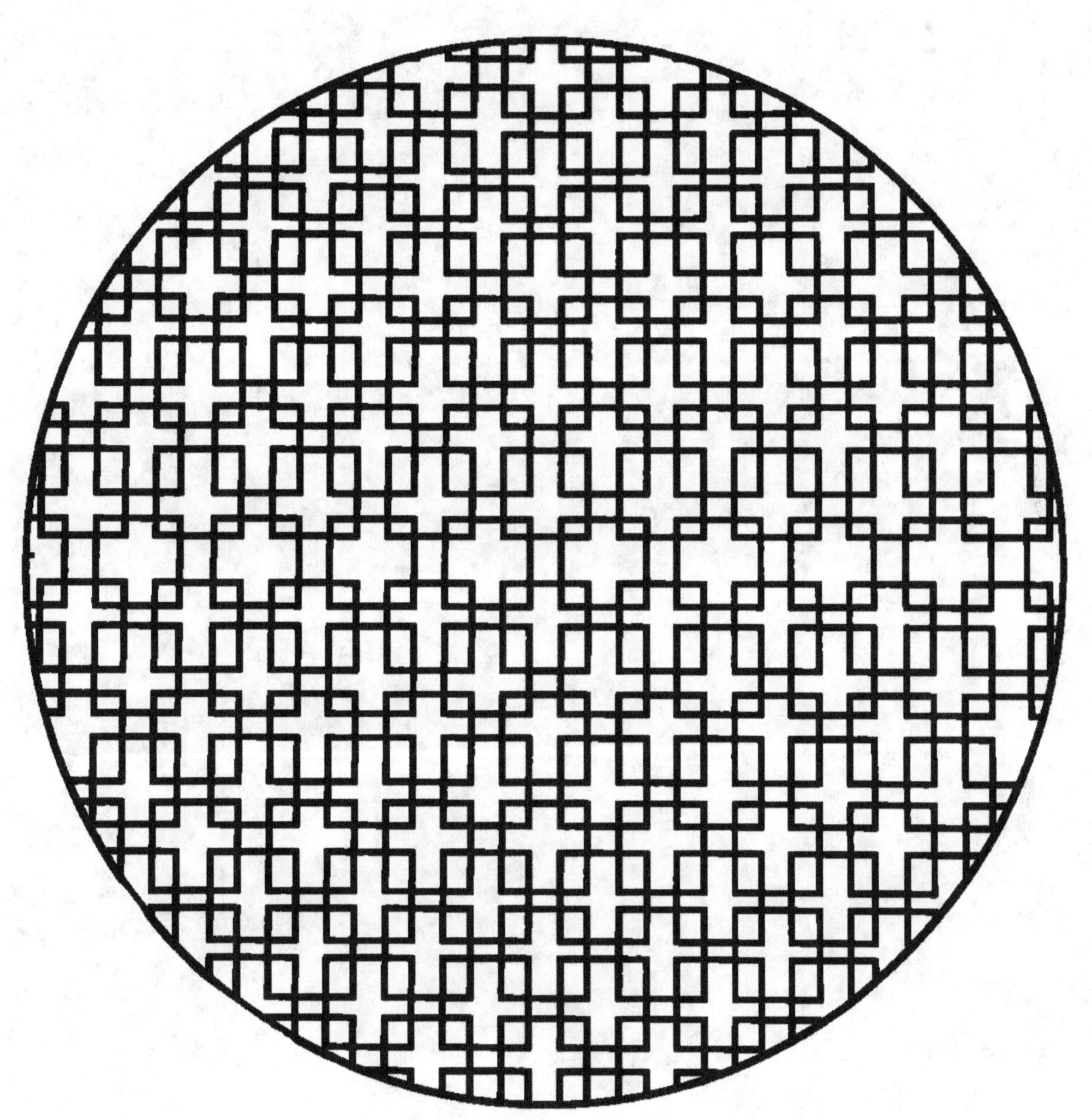

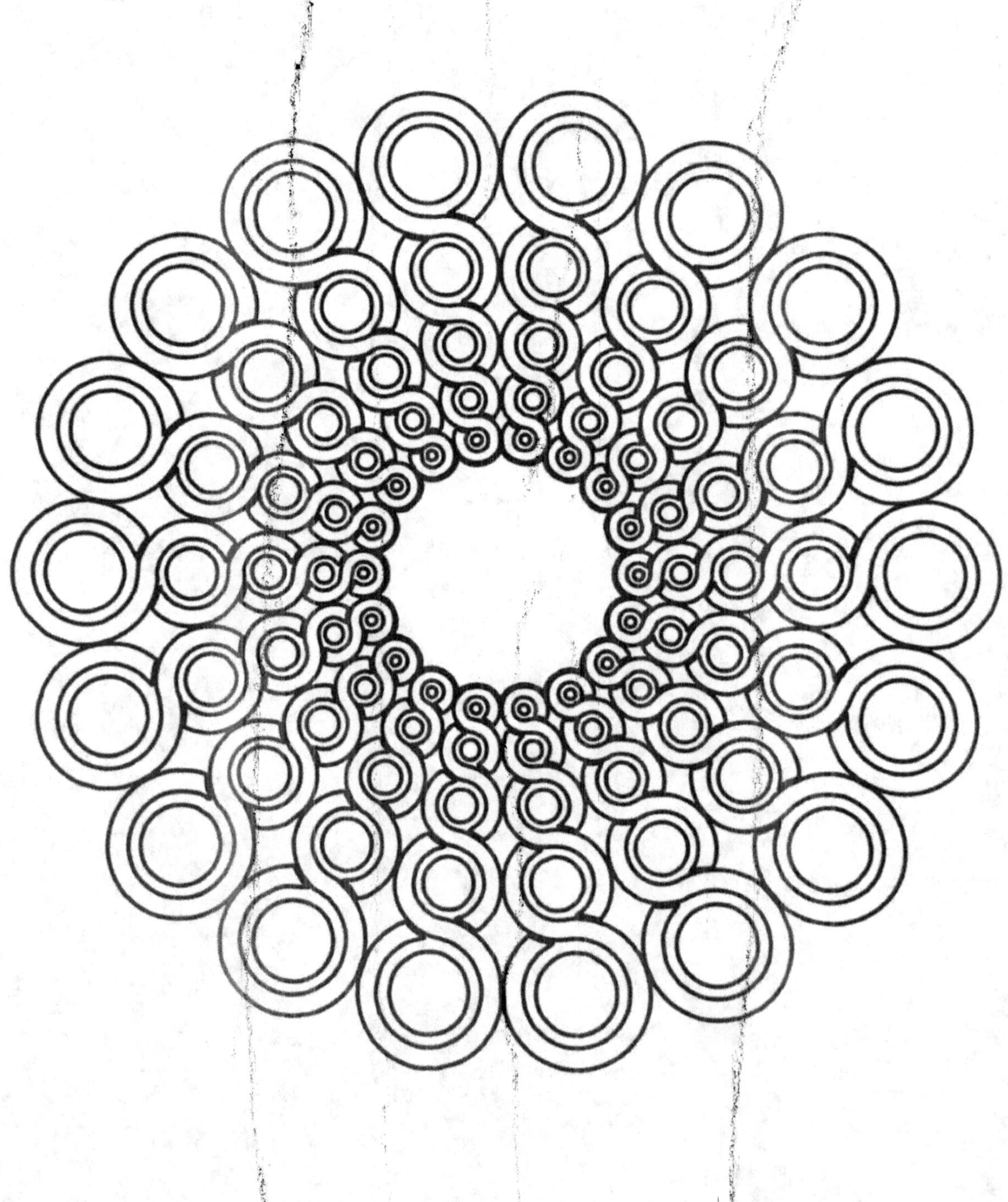

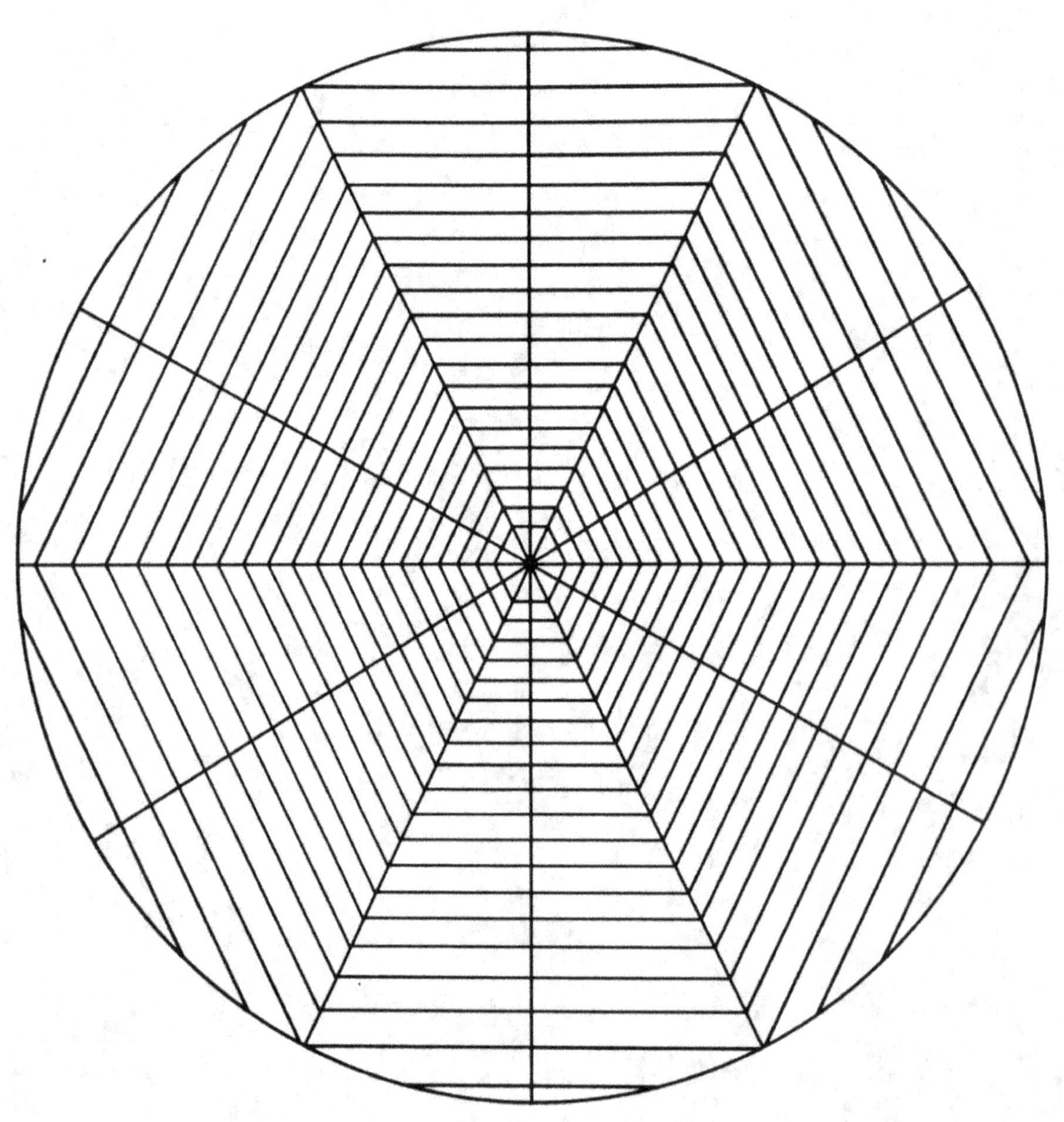

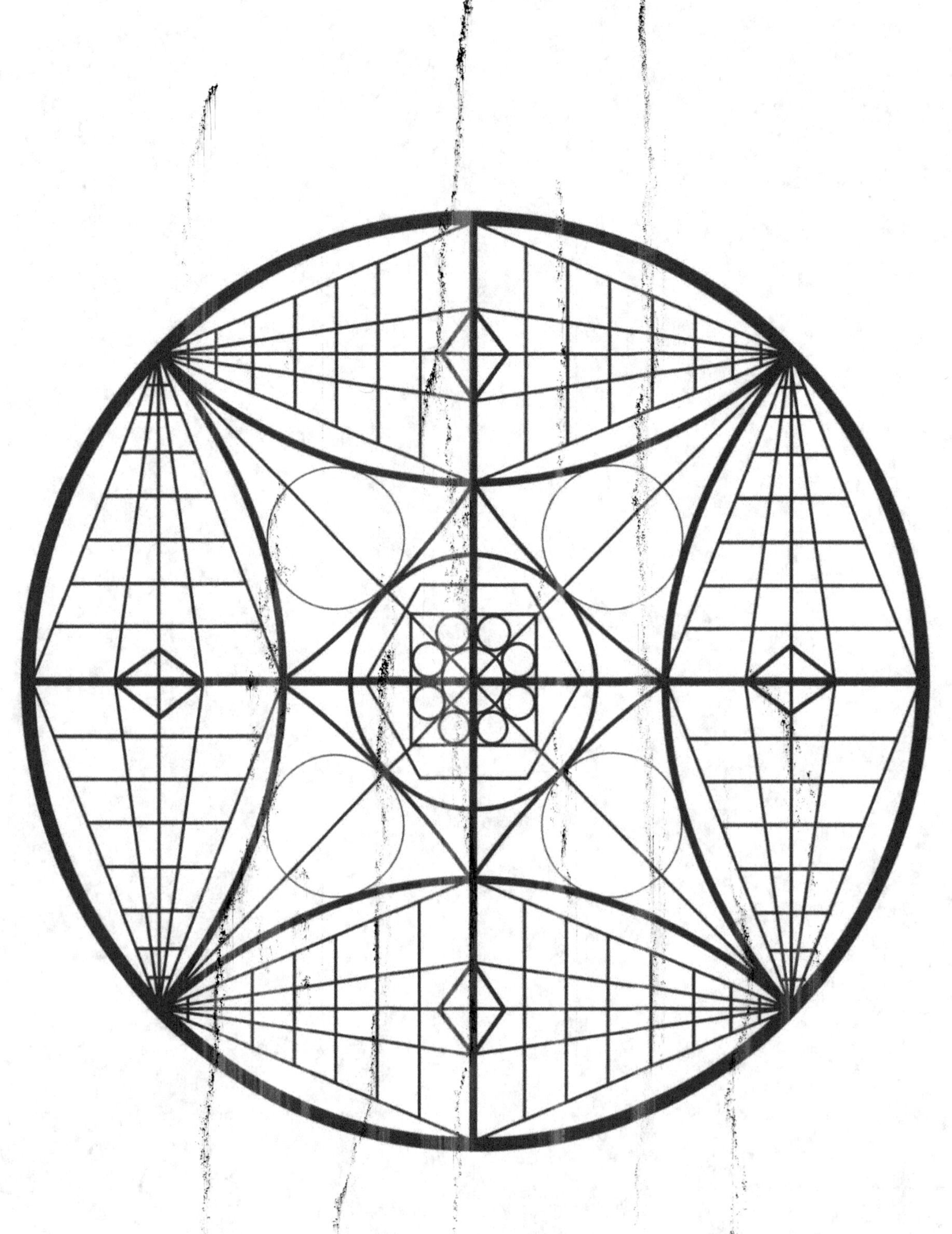